Geld in der Welt

Willkommen auf der Erde

Impressum

Titel: Geld in der Welt-Willkommen auf der Erde

1.Auflage 2015

Autor: Oliver Boscheinen, Wunstorf

Coverbild: © Oliver Boscheinen

ISBN-13: 978-1519232281

ISBN-10: 1519232284

Inhaltsverzeichnis

Inhaltsverzeichnis

Danksagung

Vorwort

Russland-Bashing

Krieg und Frieden

Handels- und Investitionsabkommen TTIP

Was Banken wirklich machen

Die netten Leute von der Pharmaindustrie

Wir brauchen mehr zu fressen!

Blumen brauchen Wasser

Das Geschäft mit dem Tod

Das Geschäft mit dem Blut

Das Geschäft mit dem Wasser

TV macht Au!

Bio

Angst

Bild dir unsere Meinung!

Wir machen alles kaputt!

Der liebe Gott

Deutschland baut und die Dummen zahlen

Haftungsausschluss

Urheberrecht

Danksagung

Ich danke meiner Petra, die immer ein offenes Ohr hat, wenn mir wieder mal einiges auf den Keks geht.

Vorwort

Dieses kleine Büchlein dient dazu, sich dem täglichen Wahnsinn zu stellen und sich zwischendurch auch einmal gegen die eigene Ohnmacht zu stemmen. Es dient als Anregung und soll im besten Fall ein wenig die Augen dafür öffnen, was wirklich um uns und mit uns passiert.

1. Russland-Bashing (Pussy Riot und Co.)

Gehören Sie auch zu den Menschen, die denken, dass die Russen (wer sind eigentlich DIE Russen?) den Weltfrieden gefährden? Dass diese bösen, kalten und homophoben Russen verantwortlich für den Ukraine-Konflikt sind?

Echt? Sie lesen und glauben, was der Mainstream sagt?

Dann sollten Sie mal einen Blick in die Geschehnisse vergangener Tage wagen.
Wer waren noch einmal die Siegermächte, die den Naziterror beendeten? Die USA, Frankreich, England und richtig, Russland bzw. die Sowjetunion!

Warum wir heute ständig uns darum prügeln, wer dem Amerikaner am tiefsten in seinen Allerwertesten kriechen darf, bleibt mir ein Rätsel und es muss doch die Frage erlaubt sein, warum wir ein eher kaltes Verhältnis zu den anderen Siegermächten haben, obwohl wir Ihnen zu unendlichem Dank verpflichtet sein müssten. Vielleicht liegt es an den gemeinsamen „Werten", der gemeinsamen „Kultur" und der Liebe zum Fastfood, was uns so stark an den Amerikaner kettet und uns in eine gewisse Hörigkeit und

Abhängigkeit gebracht hat. Doch hierzu später mehr.
Vor über 25 Jahren ist die Mauer zwischen West-und
Ostdeutschland gefallen. Und wer hatte
maßgeblichen Anteil an diesem historischen Ereignis?
Genau, die Sowjetunion!
Aber wir Menschen sind halt unglaublich vergesslich
und labern heute jeden Scheiß nach und wenn
andere uns dabei auch noch unterstützen und die
Medien all diesen Blödsinn nur oft genug
wiederholen, dann glauben wir auch, dass der Russe
einfach nur böse ist und uns alle vernichten will, uns
unser Land und unsere Frauen wegnehmen will und
natürlich unsere Freiheit auch.

**„Das Volk verkommt zum Papagei der Tagesthemen.
Olympiaboykott! Im Jahr 1980 gab es mal ´ne
Olympiade in Moskau, da hat Amerika auch zum
Olympiaboykott aufgerufen, weil die Russen in
Afghanistan waren." (Hagen Rether)**

Und wer ist nun schon seit Jahren in Afghanistan?

Aber der Russe verkauft Waffen an Diktatoren. Ja, das
stimmt! Das machen wir Deutschen auch.
Aber der Russe tötet Menschen in der Ukraine und
unterstützt die pro-russischen Rebellen. Ja, auch das
mag stimmen. Das machen wir Deutschen auch. Wir

unterstützen die andere Seite, wer immer auch die andere Seite sein mag, aber dies ist ja nicht so wichtig, solange wir uns einfach weiter mit der EU ausdehnen können. Wenn wir die Ukraine dann auch noch in unsere tolle Wertegemeinschaft aufgenommen haben, haben wir das nächste Land unter Kontrolle und lassen es an einem finanziellen Kredittropf am Leben.
Wie ist das noch gleich mit den „faulen" und „durch und durch korrupten" Griechen gelaufen?

Ach, was soll es. Das haben die meisten Menschen auch bald wieder vergessen. Lieber lassen Sie sich weiter instrumentalisieren, drücken irgendwo auf Facebook oder Youtube mal einen Kommentar ab und halten sich für politisch, wenn sie das Erbrochene anderer wiederkäuen. Alles andere passt auch nicht in die Schnelllebigkeit der Dinge, da hier kaum einer Zeit aufwenden möchte, um den Dingen auf den Grund zu gehen, indem man sich mal ein Buch über bestimmte Sachverhalte schnappt und sich so Wissen aneignet, was einem nicht aus der Glotze vorgesetzt wird.

Doch hierfür braucht man Mut und wirkliches Interesse, auch und gerade für unangenehme Wahrheiten, die nicht unbedingt ins Weltbild passen.

Und warum haben Sie eigentlich nie etwas von einem Fotzen-Aufstand in den Medien gehört? Haben sie nicht? Doch haben Sie! Nur würden wir so etwas natürlich nicht in der Tagesschau sagen, da hört sich „Pussy Riot" doch gleich viel angenehmer an und man verprellt auch nicht ganze Wählerscharen, die wahrscheinlich eh dem Englischen nicht mächtig sind.

Da setzen wir uns doch lieber in unseren Wohlstandsessel und verurteilen ein ganzes Land als homophoben Misthaufen, obwohl wir keinen Plan haben und Homos in der eigenen Bekanntschaft kaum bis fast gar nicht vorzufinden sind. Aber wir sind ja super weltoffen!

Aber wehe es würden halbnackte Menschen den Kölner Dom stürmen oder Sie würde mal von einer gleichgeschlechtlichen Person „angebaggert" werden. Da ist das Geschrei dann groß.
Was glauben Sie, was passiert wäre, wenn es einen „Fotzen-Aufstand" in Texas in irgendwo einem Hinterweltlerdörfchen gegeben hätte? Da wäre Gefängnis wohl noch die mildeste Strafe gewesen. Hach, Amerika und Deutschland, wir sind so gerecht und allem und jedem gegenüber so aufgeschlossen. Bei uns sind alle gleichberechtigt und jeder hat die gleichen Chancen. Nicht?

Werden Sie nicht ständig von Menschen afrikanischer Herkunft in Banken bedient?

2. Krieg und Frieden (Wir sind die USA)

Unser „großer" Bruder Amerika. Was haben wir dir nicht alles zu verdanken! Du hast es 1964 geschafft, „nur" 19 Jahre nach Beendigung des zweiten Weltkrieges, die Rassentrennung im eigenen Land aufzuheben und die schwarze Bevölkerung endlich als Menschen anzuerkennen.

Du hast es geschafft seit der Staatsgründung 1776, das ist 239 Jahre her, 222 Jahre davon im Krieg zu sein. Da sind völkerrechtswidrige Kriege wie in Afghanistan, Irak etc. ganz normal und wer dies anprangert wird selbst öffentlich an den Pranger gestellt.
Staaten, die sich nicht gerne von dir ausbeuten und manipulieren lassen wollen, denen drohst du mit Krieg, Embargo oder bescherst ihnen einen Staatsstreich.
Danke, dass du danach immer ein Chaos hinterlässt, mit dem sich der Rest deiner „Verbündeten" dann herumärgern darf.

Wie sieht es heute im Irak, in Afghanistan, in Libyen und der Ukraine aus, um nur einige Länder zu nennen, in denen du wütest?

Danke, dass du weltweit über 1000 Militärstützpunkte unterhältst, die deiner Meinung nach nur zur Beruhigung bedrohter Verbündeter dienen.

In Wahrheit bist du die Bedrohung und willst dich geopolitisch immer weiter ausdehnen und schwätzt dabei unverhohlen von Demokratie und humanitären Interventionen und hast dir hierfür nun wieder deinen alten Klassenfeind Russland als Spielball zur Verschleierung der eigenen Interessen hervor geholt. Was mich nur wundert ist, dass dir so viele Menschen der westlichen Welt diesen Mist abkaufen.

Wahrscheinlich liegt es daran, dass wir uns jeden Tag eine Menge Gedanken machen können, was wir essen wollen und nicht ob wir etwas zu essen haben und jeden Tag so beschäftigt mit unseren Autos umher fahren, dass wir gerne vergessen wollen, woher dieses Öl dafür eigentlich her kommt.

Danke Amerika, dass du für uns die Drecksarbeit machst und die Medien uns so liebevoll dabei helfen, unser schlechtes Gewissen (falls wir eines haben) zu vergessen. Da können uns auch die riesigen Berge von Lebensmitteln, die in unseren eigenen Ländern aufgrund von Überproduktion vor sich hin gammeln egal sein, während fast eine Milliarde Menschen auf diesem Planeten hungern.

Und wenn uns dann noch Bilder erreichen, wie der Russe Lebensmittel vernichten lässt, ja dann ist in unserer Irrenanstalt alles wieder in Ordnung und der Pöbel darf sich empören.

Merken wir es eigentlich gar nicht mehr, wie wir jeden Tag gelenkt werden?

Ne, da hören wir, wie britische Forscher fieberhaft nach einem Mittel gegen Fettleibigkeit forschen. Ja, die forschen wirklich daran und das schon seit Jahren! Ein kleiner Tipp vielleicht, versucht es mal mit weniger FRESSEN!

Aber auch hier ein Danke an unsere Freunde, die uns aus Nächstenliebe ihre Esskultur in Form von Fastfood gebracht hat. Ohne diesen globalen massenhaften Ausbau dieser Restaurants wäre die westliche Welt wahrscheinlich schon verhungert.

Und zum Schluss noch ein Danke für die Millionen Flüchtlinge, damit wir auch unseren Beitrag auf deiner Weltpolizei-Mission leisten können und deiner grenzenlosen Güte, sich selbst um ca. 10.000 (Zehntausend) Flüchtlinge zu kümmern.

Du bist ein wahrer Freund und ein toller großer Bruder und passt dank NSA und Co. rund um die Uhr auf uns auf, damit uns niemand etwas Böses antun kann.

Warum nicht alle deine Fürsorge und deine unbändige christliche Liebe spüren wollen und lieber amerikanische Fahnen verbrennen, muss wohl an einem großen Kommunikationsproblem liegen.

„Als die ersten Missionare nach Afrika kamen, besaßen sie die Bibel und wir das Land. Sie forderten uns auf zu beten. Und wir schlossen die Augen. Als wir sie wieder öffneten, war die Lage genau umgekehrt: Wir hatten die Bibel und sie das Land." (Desmond Tutu)

3. Handels- und Investitionsabkommen TTIP

Auch schon viel gehört und wenig verstanden von TTIP?
Bei dem Transatlantic-Trade-and-Investment-Partnership-Abkommen, TTIP, geht es nicht um die Abschaffung von Zöllen und Handelsschranken, sondern um den Abbau von nicht-tarifären Handelshemmnissen. Handelshemmnisse können alles mögliche sein: Verbraucherschutz, Kennzeichnungspflicht, Datenschutz, Arbeitnehmerrechte.
Was würde dieser Vertrag für uns bedeuten? Hier eine Auflistung (Quelle: Campact.de)[1]:
US-Produkte müssten nicht mehr europäische Verbraucherschutz- und Tierschutzstandards einhalten, um in der EU verkauft zu werden. Damit EU-Unternehmen dann nicht benachteiligt sind, müssten die Standards hierzulande gesenkt werden.

Regeln zur Bankenaufsicht und zur Zügelung der Finanzmärkte können aufgeweicht werden - und die nächste Bankenkrise wird wieder von den Bürgern statt von den Banken bezahlt.
In Europa kostet TTIP 583.000 Arbeitsplätze, in Deutschland allein gehen 134.000 Jobs verloren.[2]

---

[1] https://www.campact.de/ttip/appell/5-minuten-info/
[2] http://ase.tufts.edu/gdae/Pubs/wp/14-03CapaldoTTIP_ES_German.pdf

Wenn öffentliche Dienstleistungen als Märkte interpretiert werden, wie es die Pläne bisher vorsehen, wird eine Welle an Privatisierungen folgen. Im EU-Recht wird der Status Quo festgeschrieben: Keine Chance mehr für dringend nötige Regeln gegen den Missbrauch von Antibiotika bei der Tiermast oder gegen hormonähnliche Substanzen in Alltagsgegenständen.

TTIP wird die Einfuhr gentechnisch veränderter Lebensmittel erleichtern und die Kennzeichnungspflicht aufweichen.
Im Bereich des so genannten „geistigen Eigentums" drohen Verschärfungen: weniger Rechte für Internetnutzer, weniger preisgünstige Medikamente und ein lascher Datenschutz.
Investoren sollen die Möglichkeit bekommen, Staaten vor Schiedsgerichten zu verklagen, wenn sie ihre Gewinnaussichten durch demokratische Beschlüsse verletzt sehen.

Auf eine solche Investitionsschutzklausel in einem anderen Abkommen beruft sich heute schon Vattenfall – und verklagt derzeit Deutschland auf 4,7 Milliarden Euro Schadensersatz für den Atomausstieg.

Der durch das Abkommen ausgelöste Preiskampf bei Lebensmitteln würde auf beiden Seiten des Atlantiks naturschonend wirtschaftende Bauernhöfe massenweise zur Aufgabe zwingen.
Die durch die EU-Chemikalienverordnung REACH vorgeschriebene Gefahrenprüfung vor der Markteinführung von Substanzen wird umgehbar: Ein Konzern müsste nur ein Produkt in den USA anbieten – und schon könnte er es auch in Europa verkaufen.

Glauben Sie das unsere Regierung sich gegen diesen Vertrag auflehnen wird und den Wirtschaftskonzernen die Stirn bieten wird?
Nein, natürlich nicht! Warum sollte sie auch, wenn den Bürgern alles egal ist und sie sich nicht wehren. Aber wählen ist ja so wichtig! Ja schon, wenn die Menschen eine wirkliche Wahl hätten und wüssten, was sie wählen würden.

Schöne neue Welt!

4. Was Banken wirklich machen

Ach, was wäre es schön, wenn ich meine eigene Bank hätte. Dann würde ich Geld verdienen ohne dass ich dafür irgendetwas leisten müsste. Ich würde einfach das Geld der bekloppten Sparer nehmen, ihnen wenig bis keine Zinsen auf ihr verdientes Geld geben und ihr Geld auch noch obendrein verleihen. Und das sogar mehrfach, ohne dass dieses Geld überhaupt existiert. Von diesem verliehenen Geld bekomme ich dann satte Kreditzinsen. Ach ja, das wäre schön, aber leider ist es nicht ganz so einfach eine Bank zu gründen. Fragen sie sich mal warum?

Hat man aber erst einmal die Hürden für die Bankgründung überwunden, dann können Sie sich an einem nicht mehr enden wollenden Geldfluss laben. Wie das funktioniert?

Jeder ist heute verpflichtet ein Bankkonto zu führen. Hat man kein Konto, dann kann man auch kein Geld vom Arbeitgeber überwiesen bekommen. All dieses Geld (in Form von Zahlen im Computer) von all den Arbeitnehmern bekommt die Bank jeden Monat und sammelt bzw. verwaltet es für den brav arbeitenden Bürger. Und da der brave Bürger eh nie sein ganzes Geld abhebt, muss die Bank auch nur eine geringe

Bargeldreserve zur Verfügung stellen. Das bedeutet, wenn Sie von ihrem Arbeitgeber 1000 Euro überwiesen bekommen, dann muss die Bank nur 200 Euro davon wirklich besitzen. In Wahrheit ist die Barreserve wahrscheinlich noch viel geringer. Die restlichen 800 Euro, die eigentlich ihnen gehören, verleiht die Bank. Und der große Zauber beginnt, wie man aus dem Nichts Geld erschaffen kann. Von den 800 Euro, die sich nun jemand geliehen hat, wird sich jetzt zum Beispiel ein Computer gekauft. Der Computerhändler, der nun die 800 Euro bekommt, bringt diese nun auch zur Bank. Und was macht die Bank?

Genau, sie verleiht wiederum einen Großteil dieses Geldes, welches eigentlich gar nicht existiert. Und so geht dieses Spielchen tagein, tagaus. Und nun stellen sie sich mal vor, dass jeder sein Geld in bar ausbezahlt haben möchte. Dies würde nur leider nicht funktionieren, da dann soviel Geld nachgedruckt werden müsste, sodass selbiges nämlich gar keinen Wert mehr besitzen würde.

Aber glauben sie jetzt nur nicht, dass sie irgendwelche Macht besitzen, denn bevor wir auf die Banken stürmen würden, um unser Geld abzuholen, werden wir entweder mit Gewalt daran gehindert werden oder aber die Banken sind geschlossen bzw. die Automaten spucken einfach keine Scheine mehr aus, wie es bereits vor einigen Jahren in Zypern oder erst kürzlich in Griechenland der Fall war.

Und nun noch das Beste, die Banken brauchen ihr Geld eigentlich gar nicht, damit sie einen Kredit vergeben können. Dies machen sie einfach am Computer, wenn man als kreditwürdig eingestuft wurde und eine Unterschrift geleistet hat. Wie durch Geisterhand erscheint dann auf ihrem Konto eine bestimmte Summe, über die sie dann verfügen dürfen.

Das Schlimme an der ganzen Sache ist, dass all die ganzen Gewinne bei der Bank bleiben und wenn dann diese schöne Blase irgendwann wieder platzt, dann werden die Verluste auf die Gesellschaft umgewälzt und die Dummen sind wie immer die Bürger.

Ist doch voll toll von so netten, gut gekleideten, seriös wirkenden Damen und Herren in den Filialen bedient zu werden. An ihrer Stelle würde ich den ganzen Tag auch nur ein Grinsen im Gesicht haben!

5. Die netten Leute von der Pharmaindustrie

Man sollte doch annehmen, dass wir bei fast jährlich 30 Milliarden Euro Ausgaben für Arzneimittel auf dem Weg der Gesundung in Deutschland sein sollten. Wenn man dann noch die Privatausgaben für Arzneimittel hinzurechnet, dann müsste es doch den Menschen in unserem schönen Lande gesundheitlich gut gehen. Wir gehören doch schließlich zu den höchstentwickelten Ländern dieses Planeten.

Fakt ist, dass die Rezeptverordnungen nicht wirklich zugenommen haben, die Kosten für Arzneimittel jedoch schon. Das liegt daran, dass die Pharmaindustrie immer größere Gewinne einfahren möchte und dies natürlich wieder einmal auf die Gesellschaft abwälzt.

Sie und ich zahlen für überhöhte Arzneimittel und die Pharmaindustrie steckt sich das Geld grinsend in die Tasche. Und werden Sie bloß nicht gesund und mit Ihnen noch ein paar tausend andere Menschen, denn dann dürfen wir anderen noch mehr bezahlen.

Aber was rede ich denn da von Gesundheit, glauben Sie wirklich der Pharmaindustrie wäre es wirklich gelegen, wenn ein Arzneimittel auf den Markt käme, mit dem Krebs direkt geheilt werden könnte? Die Pharmaindustrie nimmt diese Krebskranken lieber aus wie eine Weihnachtsgans!

Was, glauben Sie, kostet der Wirkstoff für ein Krebsmittel wie Taxol? Der Anteil des Wirkstoffs von Taxol beträgt gerade mal einen Euro. Verkauft wird das Medikament dann für 676,70 Euro!!![14]

Entscheiden Sie selbst, mit was für Menschen es wir hier zu tun haben.
Bleiben Sie gesund!

---

[14]http://www.deutschlandradiokultur.de/es-gibt-keine-branche-die-so-hohe-gewinne-macht.954.de.html?dram:article_id=145120

6. Wir brauchen mehr zu fressen!

Leider kann sich hier in Deutschland kaum noch einer an die Zeit erinnern, als die verarmten Deutschen sich mit Löffeln stritten, um auch den wirklich letzten Rest aus den Töpfen zu kratzen.

Das wir heute im Überfluss leben und wir zu einer Wegwerfgesellschaft mutiert sind, mag der ein oder andere als Privileg empfinden, doch dem ist nicht so! Weder haben wir das Anrecht auf diesen Luxus noch das Recht, Lebensmittel wegzuwerfen oder vergammeln zu lassen.

Jedes Jahr schmeißt jeder deutsche Bürger im Schnitt ca. 82 Kilo[3] an Lebensmittel weg. Das sind 6.560.000 Tonnen Lebensmittel im Jahr!

Unfassbar, sagen sie? In der Tat, doch sind wir dermaßen ignorant geworden, dass es uns fast egal geworden ist, dass jeden Tag tausende Menschen verhungern oder dass wir von Menschen geführt werden, denen es nur um den Profit geht.

Ist die Kartoffel zu klein-kommt sie nicht in Handel, ist

---

[3]http://www.lebensmittelverschwendung.de/warum-ist-die-verschwendung-deutschland-hoch-290/

die Tomate nicht rot genug-weg damit, hat die Gurke nicht eine bestimmte Form- zack aussortiert, ist eine Orange im Netz nicht mehr in Ordnung-wirft man das ganze Netz weg.

Um diesem Irrsinn noch die Krone aufzusetzen, muss man schon debil, pervers oder menschenverachtend sein. Anstatt dass im Fernsehen rund um die Uhr eine Aufklärung über diese Missstände läuft, passiert hier genau das Gegenteil! Eine Kochsendung jagt die nächste und vor lauter Vollstopfen mit allem Möglichen, was uns in die Finger kommt, schlingen wir Verstand, Moral und Ethik gleich mit hinunter. Wie die meisten Menschen ruhig schlafen können, ist für mich nicht nachzuvollziehen.

Die einen schauen auf ihre Bilanzen, wie sie noch mehr an den Verbraucher verkaufen können und die anderen kaufen sich eine Zeitschrift mit der neuesten Diät!

Herrlich, noch ne Einnahmequelle, jede Woche ne neue Diät für all die verfressenen Leute, die Dank hohem Verzehr von suchtsteigernden Substanzen so vernebelt sind, dass sie nicht einmal bemerken, dass man ihnen seit Jahren die gleichen Diäten vorsetzt.

Nochmal kurz zusammengefasst, wir überfressen uns, müssen ständig Diäten anpeilen und werfen obendrein noch tonnenweise Lebensmittel weg! Ganz tolles Gesellschaftsmodell und Lebenskonzept, was wir uns da zusammengeschustert haben. Da können einem die fast 1 Milliarde Menschen, die jeden Tag Hunger leiden, auch echt mal so was von egal sein.

Darauf erst einmal einen Absacker oder zum Arzt! Vielleicht kann der ja was gegen das Völlegefühl unternehmen.

7. Blumen brauchen Wasser

Alleine 2014 importierte Deutschland über 1,4 Milliarden (1.400 Millionen) Rosen[12]. Diese Rosen kamen aus den Entwicklungsländern Kolumbien, Kenia, Äthiopien, Sambia und Ecuador. Der Großteil kommt aus den Niederlanden.

Pro Rose benötigt man ca. 7-14 Liter Wasser. Ob sich die Kenianer auch so dolle auf Valentinstag und Muttertag freuen können, das mag bezweifelt werden.
Denn unser anerzogener Wahnsinn wird Teile dieses Landes das Wasser und somit auch die Lebensgrundlage kosten, und dies nur, weil wir arm an Worten geworden sind? Ein Mensch hat Geburtstag-wir schenken Blumen, jemand ist verliebt-es werden Blumen geschenkt, Jemand ist gestorben-wo sind die Blumen?
Und mal was anderes, was haben die Leute eigentlich davon, sich abgeschnittene Blumen ins Zimmer zu stellen?
Sind Pflanzen nicht auch Lebewesen oder habe ich da etwas falsch verstanden?
Sie könnten auch einen Löwen abknallen und sich das

---

[12]http://de.statista.com/statistik/daten/studie/77409/umfrage/import-von-frischen-rosen-nach-deutschland-seit-2001/

Fell an die Wand hängen, dies wäre im Prinzip das Gleiche, nur das Sie die Blume erst verstümmeln und sie dann langsam in einer Vase vor sich hin krepieren lassen.

Na dann, vielen Dank für die Blumen!

8. Das Geschäft mit dem Tod

Sie sind sterbenskrank, sie leiden unter unsagbaren Schmerzen und sie möchten so nicht mehr weiterleben? Es tut mir wirklich sehr leid für Sie, aber da sind Sie doppelt angeschissen. In Deutschland werden Sie keinen Arzt finden, der Ihrer Leidenszeit mit tödlichen Medikamenten ein Ende bereitet.

In Deutschland sieht es eher danach aus, dass es lukrativer ist, wenn schwerstkranke unter widrigen Lebensbedingungen weiterleben und somit eine Menge Geld verdient werden kann.
Während andere unter dem Deckmantel der Menschlichkeit, Ethik und Moral vor sich hin debattieren, siechen Sie dahin und das Defizit in unserer Gesundheitsversorgung wird immer größer.

Sie und Ihre Gesundheit sind diesen Leute absolut egal, so lange genug Geld in die eigene Tasche gewirtschaftet wird und die Schulden auf die Gesellschaft umgelegt werden.

Obendrein entmündigt man Sie, indem man Ihnen IHR Leben streitig macht und über SIE bestimmt, wann und wie Sie zu leben bzw. zu sterben haben. Ich kann nur jedem gesunden Menschen raten, für einen solchen Fall in der Zukunft vorzubeugen, um möglichst noch selbst entscheiden zu können, wann mit dem eigenen Leben Schluss sein soll.

Sie könnten natürlich auch im Fall der Fälle ins Ausland fahren, um sich dann dort von einem dieser sogenannten Sterbehilfe-Vereine helfen zu lassen. Aber glauben Sie nicht, dass Sie dort mit mehr Menschlichkeit konfrontiert werden. Diese Menschlichkeit lassen sich solche Vereine mit horrenden Gebühren begleichen und nutzen Ihre Situation schamlos aus.

Trotzdem bleibt es eine Tatsache, dass je länger Ihr sterben dauert, desto mehr Geld bekommen Pflegeheime, Krankenhäuser, Apotheken mit ihrer schmerzlindernden Palliativmedizin.
Besonders viel wird verdient, wenn Sie sich kaum noch bewegen können oder an lebenserhaltenden Geräten hängen.

Um es auf den Punkt zu bringen, glauben Sie, dass Sie eine Recht auf Ihren eigenen Tod haben?

Vielleicht gehören Sie aber auch zu den Leuten, die Gott vertrauen und Gott aus lauter Langeweile oder Freude Ihnen diese schwere Prüfung geschickt hat, während Gott andere durch Ihre Krankheit fürstlich belohnt.

9. Das Geschäft mit dem Blut

Zum Glück gibt es wirklich gute und hilfsbereite Menschen, denen Nächstenliebe ein echtes Bedürfnis ist, ohne irgendetwas dafür zu bekommen. Leider werden diese Menschen oft nur benutzt und ihre gute Ader schamlos ausgenutzt.

Denn es gibt Menschen und Organisationen, die schimpfen sich Wohlfahrtsverbände, denen sind sie und die Bedürftigen nur aus einem Grunde ans Herz gewachsen. Sie ahnen es vielleicht bereits-genau! Des Geldes wegen!

Für eine Wurst-oder Käsestulle sind Menschen gerne bereit, einen Teil ihres Blutes zu spenden, damit eventuell Leben damit gerettet werden kann. Was glauben Sie, wie hoch sich diese wohltätige Bereitschaft die Wohlfahrtsverbände bezahlen lassen?

Bis zu 270 Euro bezahlen Krankenhäuser für einen Liter Blut.[13] Nicht schlecht, oder? Kein Wunder, dass die Leute dort so nett sind und einen mit Broten und

---

[13]http://www.focus.de/gesundheit/videos/rund-270-euro-pro-liter-blutspenden-sind-ein-milliardengeschaeft-fuer-das-rote-kreuz_id_4700385.html

Obst versorgen. Die haben mit 270 Euro ihre Kosten aber allemal wieder raus.

Längst sind pfiffige Unternehmer am Werk, um an der Kommerzialisierung des Blutes mitzuverdienen und werben mit 20 Euro um Blutspender.

Jetzt stellen Sie sich mal vor, dass jede ehrenamtlich tätige Person oder jeder mildtätige Mensch für seine Dienste gerecht entlohnt werden wollte oder etwas von dem abhaben möchte, was sich andere in die Taschen packen, wie würde unser schönes Deutschland dann wohl aussehen? Schlimm würde es dann aussehen! Dann würde sich das Geschäft mit den Armen und Bedürftigen nicht mehr lohnen und niemand würde sich noch um irgendetwas kümmern.

Aber so lange Geld erwirtschaftet wird, solange wird es auch diese angeblichen Samariter geben. Gerade war noch zu hören, dass die Wirtschaft einen Aufschwung erlebt.
Durch was? Durch die Flüchtlinge!
Die Armut, die Not und der Krieg in diesen Ländern ist gut für unsere Wirtschaft.

Und nun fragen Sie sich bestimmt, wohin ihr Blut verkauft wird.

10. Das Geschäft mit dem Wasser

Es gibt Unternehmen, die schmeißen mit Floskeln um sich, dass einem beinahe übel wird.
Begriffe wie "Corporate Social Responsibility" (unternehmerische Sozialverantwortung) oder "Creating Shared Value" (gemeinsame Werte schaffen) sind eine Frechheit und ein Hohn für die Leute, die die wahre Firmenphilosophie solcher Verbrecher kennen gelernt haben.

Fragen Sie einmal die Menschen in Pakistan, Nigeria oder Südafrika, was mit dem eigentlichen Allgemeingut Wasser in ihrem Land passiert ist. Diese Unternehmen (insbesondere ein Unternehmen) sind so dreist, dass sie der Bevölkerung das Wasser mehr oder weniger klaut, dieses dann in Flaschen abfüllt und dann teuer an die Bevölkerung wieder verkauft. Natürlich zu hohen Preisen.[15]

Wer sich dies nicht leisten kann, hat halt Pech und muss das übrig gebliebene Schmutzwasser trinken und hoffen, dass man daran nicht stirbt.

Dass in diesen Ländern die Grundwasserspiegel

---

[15]http://www.utopia.de/magazin/das-schmutzige-geschaeft-mit-dem-flaschenwasser-bottled-life

sinken und dies zwangsläufig Probleme mit sich bringen wird, scheint wie immer sekundär zu sein.

Wer mit solchen Verbrechern Geschäfte macht, der darf sich über gar nichts mehr wundern, denn die nächste Flüchtlingswelle kommt!

11. TV macht Au!

Den größten Beweis einer nicht vorhandenen Demokratie hat uns die Politik mit der Zwangsabgabe für den öffentlich-rechtlichen Rundfunk abgeliefert. Warum in aller Welt soll ich für dieses unsägliche, mies dargebotene, dekadente Aufgebot von ARD, ZDF und Deutschlandradio bezahlen? (Okay, das Deutschlandradio bildet hier die Ausnahme).

Einem Verein, dem jegliche Innovation abhanden gekommen ist, blieb wohl nichts anderes mehr übrig, als seinen nicht vorhandenen Zuschauern das Geld per Zwangsabgabe aus der Tasche zu ziehen.

Es werden Marktmechanismen ignoriert und einem sterbenden, aber geldgierigen Dino die künstlichen lebenserhaltenden Maßnahmen garantiert. Es soll Zuschauer geben, die heute über das Internet Serien schauen und dafür sogar Geld ausgeben. Echt? Dann müssen wir die Leute auch hier zur Kasse bitten. Hmm, ist das Internet denn eigentlich Rundfunk? Ich habe eine kleine Geschichte hierzu im Internet gefunden, die Geschichte vom Hans im Heute.[11]

Das ist Hans, Hans ist jetzt volljährig. Und da er bald

---

[11]http://www.wir-alle-gegen-gez.de/abmelden.php

auszieht soll Hans Gebühren in Höhe von 17,98 Euro für seinen TV und seine Radios zahlen. Das will der Rundfunkgebührenstaatsvertrag so, kurz RGebStV genannt.

Dass er die öffentlich-rechtlichen Sender nicht nutzt, bringt Hans leider nichts.
Allein der Besitz der Geräte verpflichtet ihn zu zahlen.

Komisch, denkt sich Hans: Er soll für eine Leistung bezahlen, die er gar nicht in Anspruch nehmen möchte. Und je mehr Hans über die Öffentlich-Rechtlichen und die GEZ liest, desto mehr wundert er sich, dass so etwas in Deutschland noch möglich ist.

Doch Hans ist schlau - Er informiert sich:
Hans erfährt, dass Schwarzsehen gar keine Straftat ist.
Das beruhigt ihn schon mal sehr. Tatsächlich erfüllt das "Schwarzsehen" lediglich den Ordnungswidrigkeiten-Tatbestand des §9 Abs.1 des RGebStV und kann mit einer Geldbuße geahndet werden.

Eine solche Ordnungswidrigkeit wird allerdings nur auf Antrag der Landesrundfunkanstalt verfolgt. Diese stellt aber solche Anträge nicht - denn sie müsste

dem Schwarzseher die Ordnungswidrigkeit
nachweisen. Der Zeit und Kostenaufwand wäre groß -
der Streitwert gering.

Nun, denkt sich Hans- aber warum zahlen dann doch
die meisten Leute die GEZ-Gebühr?

Hans wird schnell fündig:
Beim Einzug der Gebühren verlassen sich die
Landesrundfunkanstalten auf die GEZ, die
Gebühreneinzugszentrale. Die GEZ ist das private
Inkasso-Unternehmen der öffentlich-rechtlichen
Rundfunkanstalten.
Da die Landesrundfunkanstalten sich beim
Gebühreneinzug raushalten, muss die GEZ, die keine
behördlichen Befugnisse hat, auf alternative Mittel
zurückgreifen.

Als Hans umgezogen ist, bekam er im Abstand von ca.
4 Wochen 3 Briefe von der GEZ, die ihn zum
Anmelden bewegen sollten. Einer unfreundlicher als
der andere. Da ihm die GEZ nichts kann, wundert
Hans sich nicht, dass diese so wild droht.

Ein beliebtes Drohmittel ist da zum Beispiel das
"Verwaltungszwangsverfahren".
Es wird angedroht, als Mittel, um den

Rundfunkteilnehmer zu zwingen, Auskunft über vorhandene Geräte zu geben. Da Hans jedoch weiß, dass hierfür ernste Anhaltspunkte vorhanden sein müssen, macht er sich keine Sorgen.

Tatsächlich wird der Weg des aufwendigen und langwierigen Verwaltungszwangsverfahrens seltenst bestritten. Klar doch, denkt sich Hans - es würde der GEZ auch bei privaten Personen nichts bringen. Es könnte höchstens der Besitz festgestellt werden, aber für einen rückwirkenden Besitz- und eine entsprechende Zahlungsverpflichtung, müsste die GEZ den Nachweis bringen. Das lohnt sich auch hier nicht, zumal die Beweismöglichkeiten in Privathaushalten gering sind.

Da Hans nun alles über die Machenschaften und Droh-Methoden der GEZ weiß, hat er auch die passende Verwendung dafür gefunden - die Ablage Rund.

Doch nun kommt das, was die meisten Schwarzseher zum Kapitulieren bringt: Der Rundfunkgebührenbeauftragte, auch "Scherge" genannt.

Umso wichtiger, dass sich Hans nochmal genau

informiert hat.

Der Scherge ist ein ehemals arbeitsloser, meist gesellschaftlich gescheiterter Mitarbeiter der öffentlich-rechtlichen Anstalten, der im Auftrag der GEZ Jagd auf Schwarzseher macht.
Dafür bekommt er Provisionen.

Doch auch hier ist Hans gut vorbereitet.
Hans weiß, dass er den Schergen nicht die Tür aufmachen muss.
Hans ist nicht mal verpflichtet, mit ihm zu reden. Da Hans weiß, dass der Scherge Schwarzseher nur überführen kann, wenn diese mitwirken, lässt er die Wohnungstür lieber ganz zu.

Sollte es dennoch mal ganz dicke kommen, kann er den Schergen auf §13 des Grundgesetzes verweisen. Die Unverletzlichkeit der Wohnung wird zum Glück noch nicht wegen einer Ordnungswidrigkeit aufgehoben. Rückwirkende Zahlungen lassen sich nur mit freiwilliger Hilfe des Schwarzsehers ermöglichen.

Hans weiß daher, dass er (sollte es doch mal zu einem Auge-in-Auge Kontakt mit einem Schergen kommen) die Geräte natürlich letzte Woche auf einem Flohmarkt "irgendwo in der Nähe" gekauft hat. Wo weiß er nicht mehr (muss er auch nicht), schließlich müsste die GEZ ihm das nachweisen.

Nun weiß Hans, wie er mit der GEZ und deren Schergen umzugehen hat:

Die GEZ ignoriert er und dem Schergen öffnet er nicht die Tür.

Nun, ein bisschen Angst hat Hans doch noch. Schließlich könnte man doch den Fernseher von außen durchs Fenster erspannen. Doch Hans bleibt locker, er weiß, dass das Sehen eines Fernsehers von einem Schergen oder sogar ein dreist geschossenes Foto durchs Fenster noch lange keinen Prozess rechtfertigt, und es auch zu einem solchen seltenst kommt. Denn das lohnt sich meist nur bei größeren Firmen.

In ähnlichen Verfahren konnte die GEZ gerade mal den Nachweis des Fernsehers für einen bestimmten Zeitraum erbringen. Ein "Spannen" des Schergen oder von 2 Schergen oder ein Foto als "Beweis" lässt sich gerade mal als Anhaltspunkt in einem eventuellen Prozess verwerten, auf den die GEZ auch gar nicht scharf ist.

Das Schlimmste, was dem bösen Schwarzseher Hans also blühen kann, ist eine Zwangsanmeldung -falls Hans von einem dieser "new-economy" Schergen erwischt wird, die Anmeldung einfach nach eigenen Ermessen vornehmen.

Hans könnte großen Tara machen und dagegen vorgehen, macht er aber nicht. Da sich die Mühlen eines solchen Prozesses bei der GEZ noch langsamer drehen als so schon, meldet sich Hans nach 2 Monaten einfach wieder ab.

"Geräte ordnungsgemäß abgemeldet" schreibt er auf die Karte und schickt sie per Einschreiben mit Rückschein an die GEZ.

Mit etwas Verzögerung ist Hans nach 3 1/2 Monaten wieder ein Schwarzseher.

"Endlich" dachte er sich, 17,98 Euro waren Hans wirklich zu viel für Musikantenstadl & Co.

Hans hat viele gleichgesinnte, knapp 10 % der Bevölkerung sieht schwarz, in einigen Teilen Berlins soll es sogar jeder fünfte Haushalt sein. Für die meisten Schwarzseher endet der Volkssport mit dem Besuch des Gebühren-Schergen und einer mehrjährigen Rückzahlung, das passiert, weil die meisten Schwarzseher leider nicht genügend informiert sind und auf die Drohungen und den "Bluff" des Schergen reinfallen.

Da dies so ist, leben die hartnäckigen Schwarzseher wie Hans ein einigermaßen ruhiges Leben, denn Hans hofft, dass der Scherge merkt, dass Hans ein Schlauer ist und der Scherge zum nächsten Haus zieht.

Dann hat Hans wieder ein paar Monate Ruhe, bis zur nächsten Schergen-Gebiets-Neuzuweisung.

Das war die Geschichte von Hans im Heute.

Verstehen Sie mich nicht falsch. Ich bin gerne bereit Geld zu bezahlen, aber bitte schön doch nur dann, wenn ich eine Dienstleistung in Anspruch nehme! Pay-TV läuft meines Erachtens doch ein wenig anders.

12. Bio

Kennen Sie auch diese hippen Stadtmenschen, die den ganzen Tag ihren Biokosmos raushängen lassen? Ist echt süß von diesen Städtern, wie sie so angestrengt zeitgemäß, korrekt und unsagbar gut sein wollen, obwohl die meisten von ihnen Kühe und Bauern doch nur noch aus dem Fernsehgerät kennen.

Ein tolles Schuldgefühl haben sich diese Leute einreden lassen und für dieses zahlen sie dann auch richtig deftige Preise.

Und ob das Biozeug aus Neuseeland oder Ägypten kommt, ist dann auch nicht mehr so wichtig. Geschweige denn, dass man den Ägyptern das fossile Grundwasser für die Bewässerung der Biokartoffel klaut. Hauptsache, wir können ein wenig unser schlechtes Gewissen betäuben oder denken, einfach besser als andere Menschen zu sein.

Gegen Bioprodukte ist eigentlich auch nichts einzuwenden und ein Freund dieser Massentierhaltung bin ich auch nicht, aber wo soll die Reise denn hingehen?

Bio wird doch auch immer mehr zur Massenware und

wenn dann alle nur noch Bio haben wollen, wie viel Bio wäre dann wohl noch übrig?

Was macht denn Bio heute eigentlich aus? Glauben die Leute, dass so ein Biohuhn zu Tode gestreichelt wird oder ein Schwein in den Tod gesungen wird, bevor es auf unseren Tellern landet? Und das leckere Biogemüse?

Dieses leckere Biogemüse wurde nicht mit Kunstdünger gedüngt, sondern mit Scheiße. Dass in Scheiße die meisten Keime vorhanden sind, mag den Gutmensch dann auch nicht mehr davon abhalten, genüsslich und gerecht an seiner Biokarotte zu nuckeln.

Die Industrie schafft es doch immer wieder, den Leuten einen Bären aufzubinden.

Wussten Sie, dass es von Vorteil sein kann, wenn Sie einen Apfel essen, der aus Neuseeland kommt? Das liegt mitunter daran, dass wir in Deutschland immer alles und zu jeder Jahreszeit haben wollen und somit die Kohlendioxid-Emissionen für unsere einheimischen Äpfel höher ausfallen.

Das kommt daher, dass wir unsere Äpfel monatelang

im Kühlhaus lagern und so die Klimabilanz dadurch verschlechtert wird, dass sich ein Transport der Äpfel aus Neuseeland schon wieder lohnt.[10]
Oje, wie komplex und verrückt die Welt doch ist!
Nicht noch, dass bald einer kommt und uns erzählt, dass man Gesundheit nicht kaufen kann.

---

[10]http://www.amazon.de/%C3%96kofimmel-versuchen-retten-anrichten-SPIEGEL-Buch/dp/3421045496#reader_3421045496

13.Angst

Gehören Sie auch zu den glücklichen Überlebenden, die nicht durch SARS, H5N1 (Vogelgrippe), EHEC, Maul-und Klauenseuche, PCB und Dioxin, Ebola und nicht zuletzt die Pandemie den Tod gefunden haben? Wahnsinn, oder? Wie haben wir dies nur geschafft, immer wieder diesem Weltuntergangsszenario zu entkommen?

Dies hat rein gar nichts mit Glück zu tun, sondern lediglich mit Panikmache.

Oder haben Sie einen anderen Grund dafür, dass weltweit gerade mal knapp 800 Menschen an der SARS-Pandemie gestorben sind, hierzulande aber jeden Tag, ja, jeden Tag 200 Menschen an den Folgen eines riskanten Alkoholkonsums sterben-meist in Kombination mit dem Risikofaktor Rauchen. Das sind 74.000 Menschen im Jahr.[9]

Hier bleibt die Panik aus und seitens der Medien herrscht Funkstille, da dies ja nicht förderlich für den Konsum ist. Je mehr die Leute saufen und rauchen, desto mehr Steuern nimmt der Staat ein.

---

[9]http://suchthilfe-magazin.de/news/74-000-tote-jaehrlich-darum-ist-alkohol-schlimmer-als-alle-anderen-drogen/

Krankenhäuser und Arztpraxen bleiben gefüllt und die Pharmaindustrie schneidet sich das größte Stück vom Kuchen ab, wenn dann noch obendrein schnell eine Seuche unbekannten Ausmaßes geboren wird, kann man nebenbei mit der Angst der Leute noch mehr Geld verdienen, da diese wie Bekloppte einer Impfung hinterher rennen und sich mit allem möglichen Zeug aus der Apotheke zudecken.

Diese Leute, die mit der Angst Geld scheffeln, sind wahre Alchemisten, da sie zuerst die Emotionen manipulieren und dann die Emotionen in Form von einem angeblichen Heilmittel kontrollieren.

14. Bild dir unsere Meinung!

Ja, so hätte es die Bild gerne und hat dies auch ganz gut im Griff, unsere Hirne in eigener Meinungsmache zu verderben. Die Bild möchte alles, nur nicht, dass wir eine eigene Meinung über Themen haben, die die Bild bewegt.

Das Beste an der Bild sind die Verkaufszahlen- die gehen stetig bergab. Da hilft es auch nicht, wenn man sich irgendwelche Promis mit viel Geld ins Boot holt, um sich für die Bildzeitung zu prostituieren.
Nicht nur, dass diese Zeitung aufs Übelste Menschenleben ruiniert oder die schlimmsten Vorurteile verbreitet, nein, richtig ekelhaft wird es dann, wenn man nichtsahnend eine Sonderausgabe von diesen Halunken im Briefkasten vorfinden muss.

So etwas wandert bei uns ungelesen in die Tonne, damit unsere Kinder bloß nicht so einen Müll in ihre Gehirne hineinlassen.

Schon viel zu lange hat dieser Verlag viel zu viel (politische) Macht und man muss sich ernsthaft fragen, ob der Wähler oder die Bildzeitung die neue Regierung wählt.

" *Inzwischen ist die BILD-Zeitung ja fast schon das regierungsamtliche Blatt.* "
(Heinrich Böll)[4]

Das Friede Springer und Angela Merkel eine enge Freundschaft pflegen, das gehört für die Wähler und Leser wohl zur Meinungsfindung dazu.

---

[4]http://www.uni-protokolle.de/Lexikon/Bild-Zeitung.html

15. Wir machen alles kaputt!

Wo soll ich nur anfangen? Vielleicht wäre es einfacher aufzuzählen, was wir nicht kaputt machen. Was stimmt eigentlich mit der Spezies Mensch nicht?

Es gibt außer uns niemanden, der seinen eigenen Lebensraum derart zerstört, dass man sich ernsthaft die Frage stellen sollte, ob unser angeblich hochentwickeltes Gehirn, wahre Intelligenz in sich trägt. Es kommt mir eher so vor, als wenn wir uns nur durch Gier und Habsucht weiterentwickelt haben und unsere sozialen Gepflogenheiten lediglich dazu dienen, um uns nicht gegenseitig aufzufressen.

Wir haben die Erde zu einem Patienten gemacht und wir sind die Krankheit. Wie ein bösartiger Tumor wüten wir herum und werden am Ende nur dadurch besiegt, wenn wir unseren Wirt dermaßen geschädigt haben, dass dieser uns die Lebensgrundlage nimmt. Fangen wir mal bei den Wäldern an. In den letzten vierzig Jahren wurde alleine in Brasilien eine Fläche der doppelten Größe Frankreichs abgeholzt. Kein Wunder, wenn in Deutschland der Papierverbrauch 250 kg pro Kopf beträgt. Hinzu kommen Möbel, Bodenbeläge etc..[6]

_____

[6]https://www.pro-regenwald.de/7ursachen

Es reicht ja nicht, dass wir die Lunge dieses Planeten zerstören, nein, damit es schneller geht, verschmutzen wir die Umwelt in nie dagewesenem Ausmaß.

Schauen Sie sich mal in der Alpenregion um, wo der ganze Schnee geblieben ist und was dort mit den Gletschern passiert. Schauen Sie sich Vergleichsfotos an. In Norwegen sind Gletscher kilometerweit zurück gegangen und ein Ende ist nicht in Sicht.[7]

Lieber trösten oder lenken wir uns ab, indem wir irgendwelche Bioprodukte oder Fairtradeprodukte kaufen, als ob dies irgendwie zu einer Besserung führen würde. Ist schon toll so eine Biokartoffel aus Ägypten, wenn für die Bewässerung dieser Kartoffeln die fossilen Grundwasserreserven Ägyptens angezapft werden.

Immer wieder hört man von Umweltverbrechen, doch sind diese Länder zum Glück weit weg von uns, in denen Flora und Fauna zum Beispiel durch die Herstellung von Aluminium zerstört werden und obendrein im Namen der Wirtschaft ganze Dörfer

---

[7]http://www.n-tv.de/wissen/Gletscherschmelze-ist-nicht-aufzuhalten-article15645351.html

samt Menschen verschwinden müssen.
Diese Liste könnte man unentwegt weiterführen und man wird immer auf die gleichen Ergebnisse stoßen. Arme Menschen werden auf das Übelste ausgebeutet, Länder, die nicht gefügig sind, werden mit Krieg, Sanktionen und angezettelten Revolutionen gefügig gemacht und wenn in solchen Regionen dann nichts mehr zu holen ist, wird ein Brachland hinterlassen und die Zurückgebliebenen werden samt Umweltzerstörung zurückgelassen.

Die Medien besitzen dann meist noch die Frechheit zu behaupten, dass solche Zustände einzig und allein den Machthabern/Diktatoren zuzuschreiben sind. Und der liebe Bürger macht danach die Glotze aus und fragt sich nicht einen Moment, woher die ganzen seltenen Metalle für Handy, Computer und Co. herkommen und unter welchen Umständen diese abgebaut worden sind.

Das finden Sie sehr komplex? Vielleicht ist es das. Vielleicht aber auch nicht, denn einfach erklären kann man dies mit einem Satz.
Wir in der westlichen Wohlstandsgesellschaft haben eine stille Vereinbarung getroffen und die lautet:

„Besser die sind die armen Schweine, als dass wir die

armen Schweine sind!"

Anders kann man sich die Ungerechtigkeit doch kaum erklären. Wir können ja nicht alles auf die Regierung und die Wirtschaft schieben, da wir doch letztendlich unseren Konsum lieben und sich kaum einer freiwillig einschränken möchte.

Deswegen wird sich meiner Meinung nach nichts in dieser Welt in Richtung Gerechtigkeit oder Armutsabschaffung ändern.

Das ist Ihnen zu pessimistisch?

Dann sind Sie aber zynisch, wenn Sie diesen armen Schweinen etwas anderes erzählen.

Denn ich frage mich fast jeden Tag, ob es in einer so vernetzen Welt nicht eigentlich jeden Tag eine Revolution geben müsste.

Wo sind die Millionen von Martin Luthers, Maria Theresias, Mahatma Gandhis, Sankt Martins und mutigen Menschen, die diesem Wahnsinn ein Ende bereiten wollen?

16. Der liebe Gott

Ach ja, der liebe Gott! Für welche Verbrechen und Phantastereien der Menschheit musste dieses Konstrukt nicht schon seinen Kopf herhalten?

Der allmächtige Vater, die fürsorgliche Mutter und die unergründlichen Wege sind schon ziemlich abenteuerlich, angesichts der Tatsache, dass es nicht einen einzigen Beweis für eine übernatürliche Macht gibt, die geschweige denn irgendetwas lenken oder für uns denken würde.

Nein, der Mensch liebt Geschichten, Märchen, Bücher und Kinofilme, um sein eigenes Dasein nicht wirklich hinterfragen zu müssen oder vielleicht selber einmal nachdenken zu müssen. Dann würde er vielleicht auch bemerken, dass jedes noch so große Verbrechen, jede noch so große Lüge und jeder noch so große Betrug bereits stattgefunden haben und jede Minute aufs Neue begangen werden.

Die „heiligen" Bücher haben die Welt weder friedlicher noch sehenswerter gemacht, denn wenn man hinter die Fassade der Gläubigkeit schaut, kommt eine Menge Dreck und widerlicher Abschaum hervor.

Aber damit wir nicht ständig diese Verbrechen mit der Vereinbarkeit eines Gottes hinterfragen und lieber ohnmächtig sexueller Gewalt von „Geistlichen" an Kindern zuschauen sollen, wird uns dummen Volk immer schön die Hölle vor Augen gehalten, damit wir bloß nicht anfangen, gegen die Machthaber von Wirtschaft, Politik und Glaube aufzubegehren.

Da die Hölle den meisten Menschen als solches Konstrukt nur noch wenig anhaben kann, werden Katastrophen, Kriege, angebliche Seuchen und Pandemien via TV und Internet in unsere Wohnzimmer gebracht, ob diese Untergangsszenarien nun stimmen oder nicht. Hauptsachen wir bekommen Angst und Angst macht gefügig.

Aber das Gute am Glauben ist, dass jeder glauben kann, was er möchte, solange man seinen Glauben nicht anderen Menschen aufdrängt. Da haben es wohl einige mit der Glaubensfreiheit nicht ganz so genau genommen.
Wie dem auch sei, ich habe mir hierzu meine eigenen Gedanken gemacht.

Gott ist in der Träne, die an der Wange deiner Frau herunterläuft, die du gerade geschlagen hast.

Gott ist die Fliege, die um das fast tote Baby im Wüstensand schwirrt.

Gott ist in dem Schrei der Frau, die ihr Kind zu Grabe bringt, da du es hast verhungern lassen.

Gott ist der letzte Atemzug eines Unschuldigen, den du getötet hast.

Gott ist der traurige Blick deines Gegenübers, das du gerade betrogen und belogen hast.

Gott ist der Gedanke, der deinen Schlaf raubt, da du gestohlen hast.

Gott ist das Licht in deinem Spiegelbild, was du nicht erkennen kannst, da du dich nicht leiden kannst.

Gott ist in dem Glück, das du nicht sehen kannst, da du habgierig bist und nicht teilen kannst.

Gott ist in dir, doch kannst du ihn nicht spüren, weil du dich hinter Worten aus einem Buch vor ihm versteckst.

Gott ist in mir, doch bin ich deiner nicht würdig, da ich nicht deiner Glaubensrichtung angehöre.

Gott ist in uns, doch kannst du uns nicht leiden, da du meinst, Gott Vorschriften machen zu müssen.

Gott ist die Antwort auf die Frage, die du nicht hören willst, da du Angst vor der Wahrheit hast.

Gott ist das Gefühl, das zu dir spricht, doch kannst du es nicht mehr fühlen, da du deine Gefühle mit der Waffe ausdrückst.

Gott ist nicht Glaube, oder glaubst du wirklich, dass durch deinen Glauben Unrecht zu Recht wird?

Gott ist nicht gleich Gotteshaus, wie auch, wenn er noch nicht mal in dir zu Hause ist.

Gott ist das Paradies auf Erden, doch du kannst es nicht sehen, da du es jeden Tag zerstörst und lieber den Himmel anbetest.

Gott ist der kleine Junge, den du aus dem Paradies in den Krieg schickst, damit er für deine Sünden in der Verdammnis verweilt.

Gott ist der Druck auf dem Herzen derer, die verlassen wurden.

Gott ist jedes Staubkorn der Erde, doch du respektierst dies nicht und nennst es dein Land.

Gott ist das Mädchen, das du zur Prostitution zwingst, weil du zu faul bist, selbst zu arbeiten.

Gott ist der Penner auf der Straße, dem du die Würde genommen hast, als du ihn vor die Tür gesetzt hast, da er sich für dein Unternehmen nicht mehr rentiert hat.

Gott ist der Drogensüchtige, über den du dich wunderst, weil er verrückt geworden ist, da du ihm die Drogen verkauft hast, damit du ein besseres Leben hast.

Gott ist in der Schuld, die auf dir lastet, damit du verstehen lernst, dass nur du dich davon befreien kannst.

Gott ist die Liebe, für die du keine Worte findest, wenn du sie verspürst.

Gott ist der Name, den du nicht aussprechen musst, wenn du ein reines Herz hast.

Gott ist der Wimpernschlag, der dich daran erinnert, die Augen zu öffnen.

Gott ist das unsichtbare Band, das zwischen dir, deiner Mutter und deinem Vater für Wärme sorgt.

Gott ist das Kind in dir, welches du nicht sehen kannst, da du dir eine Maske aufgesetzt hast.

Gott ist Gastgeber, da er dir alles von freiem Herzen gibt, doch du hast vergessen, dass du nur Gast bist, und forderst, anstatt dankbar zu sein.

Gott ist die Erde, die Mutter, die offensichtlich zu dir spricht, doch du wendest dich ab, weil du ihr Leid nicht wahrhaben willst.

Gott ist die Sorge, die dich umgibt, die Fürsorge, die du nicht annehmen willst, da du glaubst, deinen Kindern eine Lebensgrundlage zu schaffen, die du aber eigentlich zerstörst.

Gott ist die Umarmung, doch verweigerst du sie, da du Angst vor der Liebe hast.

Gott ist die Suche nach dir, doch wartest du, da du nicht verstehst, dass Gott auf dich wartet.

Gott ist das Ziel, das du in deinen Träumen erreichen möchtest, doch bist du es, der schläft und nicht bemerkt, dass du bereits da bist.

Und wer erlöst uns denn nun von dem Bösen? Niemand, richtig! Denn die Gläubigen sind der Meinung, dass eh alles Gottes Wille ist. Noch Fragen?

„Wer glaubt, ein Christ zu sein, weil er die *Kirche* besucht, irrt sich. Man wird ja auch kein Auto, wenn man in eine *Garage* geht."
(Albert Schweitzer)[5]

---

[5] http://www.zitate-online.de/autor/schweitzer-albert/

17. Deutschland baut und die Dummen zahlen

Man sollte doch meinen, dass studierte Leute rechnen können oder zumindest Ahnung von der Berufsbezeichnung haben, die ihren Lebenslauf schmückt.

Aber eher hat es den Anschein, dass Architekten, Ingenieure und Planer ihre Lebensläufe frisiert haben oder schlechtweg den Überblick für Baukosten und dergleichen nicht abschätzen können.

Glauben Sie das?

Ich nicht, denn hier ist eine abgezockte Bande in diesem Land unterwegs, die sich Projekte hin und her schiebt und Kosten veranschlagt, von denen jeder weiß, dass diese sich ins unermessliche erhöhen werden. Oder haben Sie schon mal von einem Bauvorhaben gehört, bei dem gespart wurde?

Hier einmal einige Projekte, bei dem der Steuerzahler fleißig weiter mitbezahlt, ob er damit einverstanden ist oder nicht.[8]

---

[8]http://www.zeit.de/2014/28/steuerverschwendung-elbphilharmonie-stuttgart-21

- Der Koschener Kanal wurde mit 6,5 Millionen Euro geplant. Am Ende kostete er 50,7 Millionen Euro.
- Der Leipziger City-Tunnel sollte 571 Millionen Euro kosten. Fast 1.000 Millionen (1 Milliarde) sind dann in die Hände dieser fähigen Leute geflossen.
- Statt der geplanten 241 Millionen soll die Elbphilharmonie nun über 800 Millionen kosten.
- Der Berliner Flughafen sollte ursprünglich 2 Milliarden Euro kosten. Die Kosten belaufen sich nun bereits schon auf über das Doppelte.

Ich frage mich bei solchen Summen schon, ob wir alle ein ganz großes Herz für Menschen mit Dyskalkulie haben oder ob dieser Wahnsinn nicht Programm ist.

Und....Welches ist das größere Verbrechen, die die den Mist verzapfen oder die, die all dies mit sich machen lassen?

Haftungsausschluss

Dieses Buch wurde zur Information geschrieben. Es soll helfen, wahre Bedürfnisse zu finden und dient als Motivation vorhandene Potenziale auszuschöpfen. Dieses Buch ist nicht dafür gedacht, Diagnosen oder medizinische Handlungen vorzunehmen. Bei gesundheitlichen Problemen oder benötigter Hilfe sollte ein Therapeut oder Psychologe aufgesucht werden.

Der Autor haftet weder für emotionale, psychische, physische, wirtschaftliche oder finanziellen Folgen noch für Schäden jeglicher Art.

Haftungsansprüche gegen den Autor für Schäden materieller oder ideeller Art, die durch die Nutzung oder Nichtnutzung der Informationen bzw. durch die Nutzung fehlerhafter und/oder unvollständiger Informationen verursacht wurden, sind grundsätzlich ausgeschlossen. Rechts- und Schadenersatzansprüche sind daher ausgeschlossen. Das Werk inklusive aller Inhalte wurde unter größter Sorgfalt erarbeitet. Der Autor übernimmt jedoch keine Gewähr für die Aktualität, Korrektheit, Vollständigkeit und Qualität der bereitgestellten Informationen. Druckfehler und Falschinformationen können nicht vollständig ausgeschlossen werden. Der Autor übernimmt keine Haftung für die Aktualität, Richtigkeit und

Urheberrecht

Das Werk einschließlich aller Objekte ist
urheberrechtlich geschützt.
Das Copyright für veröffentlichte, vom Autor selbst
erstellte Objekte bleibt allein beim Autor der Seiten.
Eine Vervielfältigung oder Verwendung solcher
Grafiken und Texte in anderen elektronischen oder
gedruckten Publikationen ist ohne ausdrückliche
Zustimmung des Autors nicht gestattet.

www.ingramcontent.com/pod-product-compliance
Lightning Source LLC
Chambersburg PA
CBHW070944180526
45168CB00003B/1166